AF216440

Impressum
Verlag: BABADADA GmbH, Nedderfeld 112 , 22529 Hamburg
Geschäftsführer / Verlagsleitung: Harald Hof
Druck: Books on Demand GmbH, In de Tarpen 42, 22848 Norderstedt

Imprint
Publisher: BABADADA GmbH, Nedderfeld 112 , 22529 Hamburg, Germany
Managing Director / Publishing direction: Harald Hof
Print: Books on Demand GmbH, In de Tarpen 42, 22848 Norderstedt

silid-aralan
classroom

bawasin
divide

186/2

pisara
board

bakuran ng paaralan
school yard

guro
teacher

papel
paper

sumulat
write

pen
pen

mesa
desk

ruler
ruler

aklat
book

mag-aaral
pupil

satchel
satchel

lalagyan ng lapis
pencil case

lapis
pencil

pantasa
pencil sharpener

goma
rubber

drowing pad
drawing pad

drowing

drawing

pinsel na pampinta

paintbrush

kahon ng pinta

paint box

gunting

scissors

pandikit

glue

aklat para sa pagsasanay

exercise book

takdang-aralin

homework

numero

number

2+2

dagdagan

add

bawasin

subtract

paramihin

multiply

kalkulahin

calculate

liham

letter

alpabeto

alphabet

salita

word

teksto

text

basahin

read

yeso

chalk

leksyon

lesson

rehistro

register

eksaminasyon

examination

sertipiko

certificate

uniporme sa paaralan

school uniform

edukasyon

education

encyclopedia

encyclopedia

unibersidad

university

mikroskopyo

microscope

mapa

map

basurahan ng papel

waste-paper basket

hotel
hotel

hostel
hostel

tanggapan ng palitan ng pera
currency exchange office

maleta
suitcase

kotse
car

wika
language

oo / hindi
yes / no

Okey
Okay

kumusta
hello

tagapagsalin
translator

Salamat
Thank you

magkano ang...?

how much is...?

Hindi ko maintindihan

I don´t get it

problema

problem

Magandang gabi!

Good evening!

Magandang umaga!

Good morning!

Magandang gabi!

Good night!

paalam

goodbye

direksyon

direction

bahage

luggage

bag

bag

napsak

backpack

panauhin

guest

silid

room

sakong tulugan

sleeping bag

tolda

tent

impormasyon ng turista

tourist information

dalampasigan

beach

credit card

credit card

almusal

breakfast

tanghalian

lunch

hapunan

dinner

tiket

Ticket

elebeytor

elevator

selyo

stamp

hangganan

border

adwana

customs

embahada

embassy

visa

visa

pasaporte

passport

eruplano
airplane

barko
ship

bomba
fire truck

bus
bus

trak
truck

banggang demotor
motorboat

bisikleta
bike

kotse
car

lantsang pantawid

ferry

bangka

boat

motorsiklo

motorbike

sasakyan ng pulis

police car

kotseng pangkarera

racing car

nirerentahang kotse

rental car

car sharing

car sharing

trak na panghila

tow truck

trak na pantapon ng basura

garbage truck

motor

engine

panggatong

fuel

gasolinahan

fuel station

karatula ng trapiko

traffic sign

trapiko

traffic

masikip na trapiko

traffic jam

paradahan ng kotse

parking lot

estasyon ng tren

train station

riles

tracks

tren

train

trambya

tram

wagon

wagon

helikopter
helicopter

paliparan
airport

tore
tower

pasahero
passenger

sisidlan
container

karton
carton

kariton
cart

basket
basket

umalis / lumapag
take off / land

lungsod

city

nayon
village

sentro ng lungsod
city center

bahay
house

sinehan
movie theater

mag-anunsiyo
advert

ilaw sa kalsada
street light

CINEMA

kalsada
street

taksi
taxi

tindahan ng miryenda
snack shop

taong naglalakad
pedestrian

aspalto
sidewalk

pedestrian lane
zebra crossing

bin
dumpster

liwasan
crossing

mga ilaw trapiko
traffic lights

kubo

hut

patag

apartment

estasyon ng tren

train station

munisipyo

city hall

museo

museum

paaralan

school

unibersidad

university

bangko

bank

ospital

hospital

hotel

hotel

parmasya

pharmacy

opisina

office

tindahan ng aklat

book shop

tindahan

shop

tindahan ng bulaklak

flower shop

supermarket

supermarket

palengke

market

department store

department store

tindahan ng isda

fishmonger's shop

sentrong pamilihan

mall

daungan

harbor

parke

park

bangko

bench

tulay

bridge

hagdan

stairs

underground

subway

tunel

tunnel

hintuan ng bus

bus stop

bar

bar

restawran

restaurant

kahon ng koreo

postbox

karatula sa kalsada

street sign

metro ng paradahan

parking meter

zoo

zoo

swimming pool

swimming pool

moske

mosque

bukid
farm

polusyon
pollution

libingan
cemetery

simbahan
church

palaruan
playground

templo
temple

tanawin
landscape

dahon
leaf

posteng pananda
signpost

daan
path

parang
meadow

bato
stone

kahoy
tree

hiker
hiker

ilog
river

damo
grass

bulaklak
flower

lambak

valley

burol

hill

look

lake

kagubatan

forest

disyerto

desert

bulkan

volcano

kastilyo

castle

bahaghari

rainbow

kabute

mushroom

palmera

palm tree

lamok

mosquito

langaw

fly

langgam

ant

bubuyog

bee

gagamba

spider

tanawin - landscape

15

salagubang

beetle

palaka

frog

ardilya

squirrel

parkupino

hedgehog

liyebre

hare

kuwago

owl

ibon

bird

sisne

swan

bulugan

boar

usa

deer

moose

moose

dam

dam

turbina ng hangin

wind turbine

solar panel

solar panel

klima

climate

waiter
waiter

putahe
menu

silya
chair

pizza
pizza

sopas
soup

mantel
tablecloth

kubyertos
cutlery

panimula

starter

pangunahing pagkain

main course

panghimagas

dessert

inumin

drinks

pagkain

food

bote

bottle

fastfood

fast food

pagkaing kalye

street food

tsarera

teapot

panutsa

sugar bowl

bahagi

portion

espresso machine

espresso machine

mataas na upuan

high chair

bayarin

bill

bandehado

tray

kutsilyo

knife

tinidor

fork

kutsara

spoon

kutsarita

teaspoon

serviette

serviette

baso

glass

pinggan

plate

platong pansopas

soup plate

platito

saucer

sawsawan

sauce

pangkalog ng asin

salt shaker

panggiling ng paminta

pepper mill

suka

vinegar

langis

oil

pampalasa

spices

ketsup

ketchup

mustasa

mustard

mayonnaise

mayonnaise

espesyal na alok
special offer

kustomer
customer

produktong mantikilya
dairy products

prutas
fruit

troli
shopping cart

butser
butcher's shop

panaderya
bakery

timbang
weigh

mga gulay
vegetables

karne
meat

pinalamig na pagkain
frozen food

malamig na karne

cold cuts

delatang pagkain

canned food

pulbos na panlaba

detergent

matatamis

candy

mga produktong pambahay

household products

mga produktong panlinis

cleaning products

tindera

sales representative

cash register

cash register

kahera

cashier

listahan ng pinamili

shopping list

oras ng pagbubukas

opening hours

pitaka

wallet

credit card

credit card

bag

bag

plastik bag

plastic bag

drinks

tubig

water

juice

juice

gatas

milk

coke

coke

alak

wine

serbesa

beer

alak

alcohol

kakaw

cocoa

tsaa

tea

kape

coffee

espresso

espresso

cappuccino

cappuccino

saging

banana

mansanas

apple

kahel

orange

melon

melon

limon

lemon

carrot

carrot

bawang

garlic

kawayan

bamboo

sibuyas

onion

kabute

mushroom

mani

nuts

noodles

noodles

spaghetti

spaghetti

bigas

rice

ensalada

salad

chips

fries

pritong patatas

fried potatoes

pizza

pizza

hamburger

hamburger

sandwich

sandwich

piraso ng karneng walang buto

escalope

hamon

ham

salami

salami

tsoriso

sausage

manok

chicken

inihaw

roast

isda

fish

pagkain - food

mga porridge oat

porridge oats

muesli

muesli

cornflakes

cornflakes

harina

flour

croissant

croissant

rolyong tinapay

bread roll

tinapay

bread

tostado

toast

biskuwit

cookies

mantikilya

butter

keso

curd

keyk

cake

itlog

egg

pritong itlog

fried egg

keso

cheese

sorbetes

ice cream

asukal

sugar

pulot

honey

jam

jelly

tsokolateng pinapahid

nougat cream

curry

curry

bahay sa bukid
farm house

kamalig
barn

bungkos ng dayami
straw bale

palayan
field

kabayo
horse

treyler
trailer

bisiro
foal

traktora
tractor

asno
donkey

tupa
sheep

tupa
lamb

kambing

goat

baka

cow

guya

calf

baboy

pig

biik

piglet

toro

bull

gansa

goose

pato

duck

sisiw

chick

inahin

hen

katyaw

cockerel

daga

rat

pusa

cat

daga

mouse

kapong baka

ox

aso

dog

bahay ng aso

dog house

hose sa hardin

garden hose

latang pandilig

watering can

haras

scythe

araro

plow

karit

sickle

asarol

hoe

tuhugin

pitchfork

palakol

axe

karitela

pushcart

sabsaban

trough

lata ng gatas

milk can

sako

sack

bakod

fence

kuwadra

stable

punlaan

greenhouse

lupa

soil

buto

seed

pataba

fertilizer

combine harvester

combine harvester

mag-ani

harvest

ani

harvest

yams

yams

trigo

wheat

soya

soya

patatas

potato

mais

corn

rapeseed

rapeseed

kahoy na namumunga

fruit tree

kamoteng kahoy

manioc

siryal

grain

pausukan
chimney

bubong
roof

paagusang tubo
downspout

bintana
window

garahe
garage

timbre
doorbell

pinto
door

basurahan
trash can

kahon ng sulat
mailbox

hardin
garden

salas

living room

palikuran

bathroom

kusina

kitchen

silid-tulugan

bedroom

silid ng bata

kids room

hapag-kainan

dining room

sahig

floor

pader

wall

kisame

ceiling

bodega ng alak

cellar

sauna

sauna

balkonahe

balcony

terasa

terrace

pool

pool

pamputol ng damo

lawn mower

piraso ng papel

sheet

kobrekama

bedspread

higaan

bed

walis

broom

timba

bucket

pindutan

switch

wallpaper
wallpaper

litrato
picture

ilaw
lamp

estante
shelf

kabinet
cabinet

telebisyon
television

pugon
fireplace

bulaklak
flower

unan
cushion

sopa
sofa

plorera
vase

remote control
remote control

karpet
carpet

kurtina
drape

mesa
table

silya
chair

tumba-tumba
rocking chair

sandalan
armchair

aklat

book

kumot

blanket

dekorasyon

decoration

kahoy na panggatong

firewood

pelikula

film

hi-fi

stereo system

susi

key

dyaryo

newspaper

pinta

painting

poster

poster

radyo

radio

kuwaderno

notebook

vacuum cleaner

vacuum cleaner

kaktus

cactus

kandila

candle

pridyeder
fridge

microwave oven
microwave oven

timbangan sa kusina
kitchen scales

pantusta
toaster

sabong panlaba
laundry detergent

kalan
stove

priser
freezer

basurahan
trash can

dishwasher
dishwasher

lutuan

cooker

kaldero

pot

kalderong bakal

cast-iron pot

wok / kadai

wok / kadai

kawali

pan

takore

kettle

pasingawan

steamer

bandehado sa paghuhurno

baking tray

babasagin

crockery

mug

mug

mangkok

bowl

sipit ng intsik

chopsticks

sandok

ladle

spatula

spatula

pampalis

whisk

pansala

strainer

salaan

sieve

pangkayod

grater

almires

mortar

barbikyo

barbecue

siga

fireplace

tadtaran

chopping board

rodilyo

rolling pin

tribuson

corkscrew

lata

can

pambukas ng lata

can opener

panghawak ng kaldero

oven cloth

lababo

sink

bras

brush

espongha

sponge

blender

blender

malalim na freezer

deep freezer

bote ng sanggol

baby bottle

gripo

tap

pampainit
heating

tuwalya
towel

bubble bath
bubble bath

shower
shower

kurtina sa shower
shower curtain

banyera
bathtub

baso
glass

washing machine
washing machine

tiles
tiles

gripo
tap

arinola
potty

lababo
sink

banyo
toilet

squat toilet
squat toilet

bidet
bidet

ihian
urinal

toilet paper
toilet paper

iskoba sa banyo
toilet brush

sipilyo

toothbrush

tutpeyst

toothpaste

dental floss

dental floss

hugasan

wash

shower na hinahawakan

hand shower

dutsa

douche

palanggana

basin

bras panlikod

back brush

sabon

soap

shower gel

shower gel

shampoo

shampoo

pranela

flannel

paagusan

drain

krema

creme

deodorant

deodorant

salamin

mirror

salaming hinahawakan

hand mirror

pang-ahit

razor

bulang pang-ahit

shaving foam

aftershave

aftershave

suklay

comb

brush

brush

pantuyo ng buhok

hair-dryer

sprey sa buhok

hairspray

makeup

makeup

lipistik

lipstick

pampakintab ng kuko

nail varnish

bulak na lana

cotton wool

panggupit ng kuko

nail scissors

pabango

perfume

washbag

washbag

stool

stool

timbangan

weighing scales

bata

bathrobe

gomang guwantes

rubber gloves

tampon

tampon

malinis na tuwalya

sanitary towel

chemical toilet

chemical toilet

alarm clock
alarm clock

nayayakap na laruan
cuddly toy

laruang kotse
toy car

kuliling
rattle

bahay ng manika
doll's house

regalo
present

lobo
balloon

higaan
bed

pram
stroller

hanay ng mga baraha
deck of cards

jigsaw
jigsaw

komiks
comic

lego bricks

lego bricks

blokeng laruan

toy blocks

action figure

action figure

paglaki ng sanggol

romper suit

frisbee

frisbee

mobile

mobile

board game

board game

dice

dice

model train set

model train set

manikin

pacifier

salu-salo

party

aklat ng mga litrato

picture book

bola

ball

manika

doll

maglaro

play

tibagan ng buhangin

sandpit

duyan

swing

mga laruan

toys

video game console

video game console

traysikel

tricycle

teddy bear

teddy bear

aparador

wardrobe

pananamit
clothing

medyas

socks

stockings

stockings

pampitis

tights

bandana
scarf

payong
umbrella

sinturon
belt

t-shirt
t-shirt

bota
boots

tsinelas
slippers

sneakers
sneakers

sandalyas
sandals

sapatos
shoes

botang degoma
rubber boots

salawal
underwear

bra
bra

tsaleko
undershirt

katawan

body

pantalon

pants

jeans

jeans

palda

skirt

blusa

blouse

kamiseta

shirt

pullover

pullover

panlamig

sweater

blazer

blazer

diyaket

jacket

kapa

coat

kapote

raincoat

kasuotan

costume

bistida

dress

damit pangkasal

wedding dress

pananamit - clothing

terno
suit

damit pantulog
nightgown

padyama
pajamas

sari
sari

bandana sa ulo
headscarf

turban
turban

burka
burka

kaftan
kaftan

abaya
abaya

panlangoy
swimsuit

trunks
trunks

salawal
shorts

tracksuit
tracksuit

apron
apron

guwantes
gloves

butones

button

salamin

glasses

pulseras

bracelet

kuwintas

necklace

singsing

ring

hikaw

earring

takip

cap

sabitan ng kapa

coat hanger

sombrero

hat

kurbata

tie

siper

zip

helmet

helmet

tirante

braces

uniporme sa paaralan

school uniform

uniporme

uniform

bibero
bib

manikin
pacifier

lampin
diaper

server
server

kabinet ng file
filing cabinet

printer
printer

papel
paper

monitor
monitor

mouse
mouse

mesa
desk

polder
folder

keyboard
keyboard

basurahan ng papel
waste-paper basket

upuan
chair

kompyuter
computer

tasa ng kape
coffee mug

calculator
calculator

internet
internet

laptop

laptop

sulat

letter

mensahe

message

mobile

cell phone

network

network

photocopier

photocopier

software

software

telepono

telephone

saksakan

plug socket

fax machine

fax machine

anyo

form

dokumento

document

bumili

buy

magbayad

pay

ikalakal

trade

pera

money

dolyar

dollar

euro

euro

yen

yen

rublo

rouble

swiss franc

Swiss franc

renminbi yuan

renminbi yuan

rupee

rupee

cash point

cash point

tanggapan ng palitan ng pera

currency exchange office

ginto

gold

tanso

silver

langis

oil

enerhiya

energy

presyo

price

kontrata

contract

buwis

tax

stock

stock

trabaho

work

empleyado

employee

taga-empleyo

employer

pabrika

factory

tindahan

shop

opisyal ng opisyal
police officer

bombero
fireman

tagapagluto
cook

doktor
doctor

piloto
pilot

hardinero
gardener

karpentero
carpenter

mananahi
seamstress

hukom
judge

kemiko
chemist

aktor
actor

tsuper ng bus

bus driver

tsuper ng taxi

taxi driver

mangingisda

fisherman

tagapaglinis

cleaning lady

tagapagkabit ng bubong

roofer

waiter

waiter

mangangaso

hunter

pintor

painter

panadero

baker

elektrisyan

electrician

tagapagtayo

builder

inhinyero

engineer

magkakarne

butcher

tubero

plumber

kartero

postman

sundalo

soldier

arkitekto

architect

kahera

cashier

magtitinda ng bulaklak

florist

manggugupit

hairdresser

konduktor

conductor

mekaniko

mechanic

kapitan

captain

dentista

dentist

siyentipiko

scientist

rabbi

rabbi

imam

imam

monghe

monk

klero

pastor

martilyo
hammer

plais
pliers

distornilyador
screwdriver

lyabe
wrench

tanglaw
torch

panghukay

excavator

toolbox

toolbox

hagdan

ladder

lagari

saw

mga pako

nails

pambutas

drill

kumpunihin
repair

pala
shovel

Kainis!
Damn!

pandakot
dustpan

palayok ng pintura
paint can

mga tornilyo
screws

mga pangmusikang instrumento
musical instruments

drumset
drum set

loud speaker
loud speaker

gitara
guitar

double bass
double bass

trumpeta
trumpet

piyano

piano

biyolin

violin

bass

bass

timpani

timpani

mga drum

drums

keyboard

keyboard

saksopon

saxophone

plauta

flute

mikropono

microphone

tigre
tiger

pasukan
entrance

hawla
cage

sebra
zebra

pakain sa hayop
animal feed

panda
panda

mga hayop

animals

elepante

elephant

kanggaro

kangaroo

rhino

rhino

gorilya

gorilla

oso

bear

kamelyo

camel

ostrich

ostrich

leon

lion

unggoy

monkey

flamingo

flamingo

loro

parrot

polar bear

polar bear

penguin

penguin

pating

shark

paboreal

peacock

ahas

snake

buwaya

crocodile

tagapag-alaga ng zoo

zookeeper

seal

seal

jaguar

jaguar

buriko

pony

leopardo

leopard

hipo

hippo

dyirap

giraffe

agila

eagle

bulugan

boar

isda

fish

pagong

turtle

walrus

walrus

soro

fox

gasel

gazelle

Amerikanong putbol
American football

pamimisikleta
cycling

tennis
tennis

basketbol
basketball

paglalangoy
swimming

boksing
boxing

ice-hockey
ice hockey

soccer
soccer

badminton
badminton

atletiks
athletics

handball
handball

skiing
skiing

polo
polo

tumawa
laugh

tumalon
jump

yakapin
hug

lumakad
walk

kumanta
sing

magdasal
pray

halikan
kiss

mangarap
dream

sumulat	gumuhit	ipakita
write	draw	show
itulak	magbigay	kunin
push	give	take

magkaroon

have

gawin

do

maging

be

tumayo

stand

tumakbo

run

hilahin

pull

itapon

throw

malaglag

fall

mahiga

lie

hintayin

wait

dalhin

carry

umupo

sit

magbihis

get dressed

matulog

sleep

gumising

wake up

tumingin

look at

umiyak

cry

estilo

stroke

magsuklay

comb

magsalita

talk

intindihin

understand

magtanong

ask

makinig

listen

uminom

drink

kumain

eat

linisin

tidy up

mahal

love

magluto

cook

magmaneho

drive

lumipad

fly

maglayag

sail

kalkulahin

calculate

basahin

read

matuto

learn

trabaho

work

pakasalan

marry

tahiin

sew

magsipilyo ng ngipin

brush teeth

patayin

kill

manigarilyo

smoke

magpadala

send

lola
grandmother

lolo
grandfather

ama
father

ina
mother

sanggol
baby

anak na babae
daughter

anak na lalaki
son

panauhin

guest

tiya

aunt

tiyo

uncle

kuya

brother

ate

sister

noo
forehead

mata
eye

balikat
shoulder

daliri
finger

mukha
face

baba
chin

kamay
hand

suso
breast

binti
leg

bisig
arm

sanggol

baby

lalaki

man

babae

woman

batang babae

girl

batang lalaki

boy

ulo

head

likod

back

tiyan

belly

pusod

navel

daliri ng paa

toe

takong

heel

buto

bone

balakang

hip

tuhod

knee

siko

elbow

ilong

nose

gitna

buttocks

balat

skin

pisngi

cheek

tainga

ear

labi

lip

bibig

mouth

ngipin

tooth

dila

tongue

utak

brain

puso

heart

kalamnan

muscle

baga

lung

atay

liver

sikmura

stomach

mga bato

kidneys

pagtatalik

sex

kondom

condom

obyum

ovum

semen

semen

pagbubuntis

pregnancy

pagreregla

menstruation

vagina

vagina

ari ng lalaki

penis

kilay

eyebrow

buhok

hair

leeg

neck

ospital
hospital

ambulansiya
ambulance

wheelchair
wheelchair

bali
fracture

doktor
doctor

silid pang-emergency
emergency room

nars
nurse

emerhensiya
emergency

walang malay
unconscious

pananakit
pain

pinsala

injury

nagdurugo

bleeding

atake sa puso

heart attack

atake serebral

stroke

alerdye

allergy

ubo

cough

lagnat

fever

trangkaso

flu

pagdudumi

diarrhea

sakit ng ulo

headache

kanser

cancer

diyabetis

diabetes

siruhano

surgeon

iskalpel

scalpel

operasyon

operation

CT
CT

x-ray
x-ray

ultrasound
ultrasound

maskara sa mukha
face mask

sakit
disease

silid-antayan
waiting room

saklay
crutch

plaster
plaster

benda
bandage

iniksyon
injection

istetoskopyo
stethoscope

estretser
stretcher

klinikal na termometro
clinical thermometer

pagsilang
birth

labis sa timbang
overweight

hearing-aid

hearing aid

pang-disimpekta

disinfectant

impeksyon

infection

bayrus

virus

HIV / AIDS

HIV / AIDS

medisina

medicine

bakuna

vaccination

mga tableta

tablets

tabletas

pill

emergency na tawag

emergency call

pagmamatyag sa presyon ng dugo

blood pressure monitor

may sakit / malusog

ill / healthy

Tulong!

Help!

alarma

alarm

asulto

assault

atake

attack

panganib

danger

labasang pang-emergency

emergency exit

Sunog!

Fire!

fire extinguisher

fire extinguisher

aksidente

accident

kagamitan sa paunang lunas

first-aid kit

SOS

SOS

pulis

police

Europa

Europe

Hilagang Amerika

North America

Timog Amerika

South America

Aprika

Africa

Asya

Asia

Australia

Australia

Atlantika

Atlantic

Pasipiko

Pacific

Dagat Indiano

Indian Ocean

Dagat Antarktika

Antarctic Ocean

Dapat Arktika

Arctic Ocean

Hilagang polo

North pole

Timog polo

South pole

Antartika

Antarctica

mundo

earth

lupa

land

dagat

sea

isla

island

bansa

nation

estado

state

mukha ng orasan

clock face

orasang kamay

hour hand

minutong kamay

minute hand

segundong kamay

second hand

Anong oras na?

What time is it?

araw

day

oras

time

ngayon

now

digital na relo

digital watch

minuto

minute

oras

hour

linggo

week

Lunes
Monday

Miyerkules
Wednesday

Biyernes
Friday

Martes
Tuesday

Sabado
Saturday

Huwebes
Thursday

Linggo
Sunday

kahapon

yesterday

ngayon

today

bukas

tomorrow

umaga

morning

tanghali

noon

gabi

evening

MO	TU	WE	TH	FR	SA	SU
1	2	3	4	5	6	7
8	9	10	11	12	13	14
15	16	17	18	19	20	21
22	23	24	25	26	27	28
29	30	31	1	2	3	4

mga araw ng negosyo

workdays

MO	TU	WE	TH	FR	SA	SU
1	2	3	4	5	6	7
8	9	10	11	12	13	14
15	16	17	18	19	20	21
22	23	24	25	26	27	28
29	30	31	1	2	3	4

katapusan ng linggo

weekend

ulan
rain

bahaghari
rainbow

niyebe
snow

hangin
wind

tagsibol
spring

taglagas
fall

tag-init
summer

taglamig
winter

4.APRIL	11°	☀
5.APRIL	4°	☁
6.APRIL	13°	☁
7.APRIL	8°	❄
8.APRIL	10°	☀

lagay ng panahon
weather forecast

termometro
thermometer

sikat ng araw
sunshine

ulap
cloud

hamog
fog

kahalumigmigan
humidity

kidlat

lightning

kulog

thunder

bagyo

storm

may yelong ulan

hail

tag-ulan

monsoon

pagkain

flood

yelo

ice

Enero

January

Pebrero

February

Marso

March

Abril

April

Mayo

May

Hunyo

June

Hulyo

July

Agosto

August

Setyembre

September

Oktubre

October

Nobyembre

November

Disyembre

December

mga hugis
shapes

bilog

circle

parisukat

square

rektanggulo

rectangle

tatsulok

triangle

pabilog

sphere

kyub

cube

puti

white

dilaw

yellow

kahel

orange

rosas

pink

pula

red

ube

purple

asul

blue

berde

green

brown

brown

grey

gray

itim

black

marami / kakaunti

a lot / a little

takot / kalmado

angry / calm

maganda / pangit

beautiful / ugly

simula / katapusan

beginning / end

malaki / maliit

big / small

matingkad / madilim

bright / dark

kuya / ate

brother / sister

malinis / madumi

clean / dirty

kumpleto / kulang

complete / incomplete

araw / gabi

day / night

patay / buhay

dead / alive

malawak / makipot

wide / narrow

nakakain / hindi nakakain

edible / inedible

masama / mabuti

evil / kind

nakakatuwa / nakakainip

excited / bored

mataba / payat

fat / thin

una / huli

first / last

kaibigan / kaaway

friend / enemy

puno / walang laman

full / empty

matigas / malambot

hard / soft

mabigat / magaan

heavy / light

gutom / uhaw

hunger / thirst

may sakit / malusog

ill / healthy

ilegal / legal

illegal / legal

matalino / tanga

intelligent / stupid

kaliwa / kanan

left / right

malapit / malayo

near / far

bago /gamit na

new / used

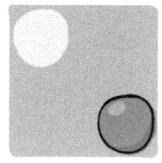

wala /mayroon

nothing / something

matanda / bata

old / young

naka-on / naka-off

on / off

bukas / sarado

open / closed

tahimik / maingay

quiet / loud

mayaman / mahirap

rich / poor

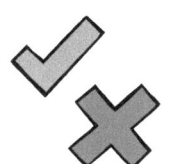

tama / mali

right / wrong

magaspang / makinis

rough / smooth

malungkot / masaya

sad / happy

maikli / mahaba

short / long

mabagal / mabilis

slow / fast

basa / tuyo

wet / dry

maligamgam / malamig

warm / cool

digmaan / kapayapaan

war / peace

0

sero

zero

1

isa

one

2

dalawa

two

3

tatlo

three

4

apat

four

5

lima

five

6

anim

six

7

pito

seven

8

walo

eight

9

siyam

nine

10

sampu

ten

11

labing-isa

eleven

12

labindalawa

twelve

13

labintatlo

thirteen

14

labing-apat

fourteen

15

labinlima

fifteen

16

labing-anim

sixteen

17

labimpito

seventeen

18

labing-walo

eighteen

19

labinsiyam

nineteen

20

dalawampu

twenty

100

daan

hundred

1.000

libo

thousand

1.000.000

milyon

million

Ingles

English

Amerikan na Ingles

American English

Tsinong Mandarin

Chinese Mandarin

Hindi

Hindi

Espanyol

Spanish

Pranses

French

Arabe

Arabic

Ruso

Russian

Portuges

Portuguese

Bengali

Bengali

Aleman

German

Hapon

Japanese

ako

I

ikaw

you

siya / siya / ito

he / she / it

kami

we

ikaw

you

sila

they

sino?

who?

ano?

what?

paano?

how?

saan?

where?

kailangan?

when?

pangalan

name

likuran

behind

saan

in

sa harap ng

in front of

itaas

over

sa

on

ilalim

under

katabi

beside

pagitan

between

lugar

place